Sonderdruck der Zeitschrift für Betriebswirtschaft

Bilanzen der funktionalen Kontorechnung

Bilanzen
der funktionalen Kontorechnung

Von Professor Dr. Walter Thoms

SPRINGER FACHMEDIEN WIESBADEN GMBH

ISBN 978-3-663-12736-9 ISBN 978-3-663-13709-2 (eBook)
DOI 10.1007/978-3-663-13709-2

Sonderdruck aus der Zeitschrift für Betriebswirtschaft Heft 11 und 12, Jahrgang 1953 - Verlags-Nr. 166

Ursprünglich erschienen bei Betriebswirtschaftlicher Verlag Dr. Th. Gabler, Wiesbaden 1954

Inhaltsverzeichnis

Die Überlegenheit der funktionalen Kontorechnung[1]*) gegenüber der bekannten doppelten Buchhaltung liegt in ihrer vielseitigen Bilanzierungsmöglichkeit, die bis dahin nicht nur unbekannt, sondern auch unmöglich war. Außer der Bilanz der Bestände an Kapital und Vermögen sowie der V + G-Rechnung liefert die funktionale Kontorechnung eine Anzahl weiterer Bilanzen, die allein Gegenstand dieses Beitrages sind.*

Die funktionale Kontorechnung benutzt das Kontoprinzip wie die doppelte Buchhaltung; ebenso wird sie wie diese sowohl chronologisch im Journal als auch systematisch auf den Konten des Hauptbuches geführt. Folglich gibt es sowohl Journalbilanzen als auch Hauptbuchbilanzen. Der grundsätzliche Inhalt aller Bilanzen ist der gleiche: ökonomische Bewegungen oder Wirkungen können nur bilanziert werden. Der Umfang des Inhalts sowie die Form der Gliederung, in welcher der Inhalt bilanziert wird, ist bei den einzelnen Bilanzen verschieden.

Die Bilanz ist die zusammenfassende systematische Darstellung des gebuchten Stoffes; diesen Stoff liefern die Wertbewegungen des Betriebes und deren Wirkungen. Die Wertbewegungen werden treffender als ökonomische Vorgänge bezeichnet.

Bewegungen werden durch Summen, Wirkungen durch Salden ausgedrückt; darum sind Bewegungsbilanzen immer Summenbilanzen, und Wirkungsbilanzen sind immer Saldenbilanzen.

Gebucht können nur werden:

1. Kapital- und Vermögensbewegungen, also ihre Mehrung oder Minderung; das sind Gütervorgänge, sie bilden zusammen die Güterbewegung;
2. Einnahmen und Ausgaben; das ist die Mehrung oder Minderung der Zahlungsmittel; die Zahlungsvorgänge bilden zusammen den Geldverkehr;
3. Kosten und Erträgnisse, ihre Mehrung oder Minderung; die Arbeitsvorgänge bilden zusammen den Arbeitsprozeß im ökonomischen (nicht technischen) Sinne.

Das sind die großen Bereiche der ökonomischen Bewegungen, die in der Buchhaltung dargestellt werden:

Güterbewegung				Geldverkehr		Arbeitsprozeß			
Kapitalbewegung		Vermögensbewegung		Einnahmen	Ausgaben	Kostenbewegung		Erträgnisbewegung	
−	+	+	−			+	−	−	+

[1]) Vgl. Walter Thoms, Inhalt und Form der funktionalen Kontorechnung, Lutzeyer-Verlag, Frankfurt a. M. 1951.

Die meisten praktischen Buchhaltungen enthalten eine Anzahl von Kapital-, Vermögens-, Geld-, Kosten- und Erträgniskonten. Es gilt, sowohl den Inhalt der einzelnen Konten als auch der verschiedenen Kontengruppen und Kontenzusammenhänge zu bilanzieren. Die funktionale Kontorechnung kennt sowohl einen Journalabschluß als auch den Kontenabschluß. Wir behandeln daher nachstehend:

1. die Bilanzen, die sich aus dem Journalabschluß ergeben,
2. die Bilanzen, die aus einem kombinierten Journalabschluß und dem Abschluß einiger einzelner Konten gewonnen werden,
3. die Bilanzen, die das Ergebnis des Abschlusses sämtlicher Einzelkonten sind.

Die Abschlußtechnik wird hier nicht behandelt; sondern es werden nur die Bilanzen dargestellt, die sich aus dem jeweiligen Abschluß ergeben.

A. Der Journalabschluß: Journalbilanzen

Die doppelte Buchhaltung kennt keine Journalbilanzen. Aus der funktionalen Kontorechnung ergeben sie sich unmittelbar mit der Aufrechnung des Journals. Im Journal sind alle ökonomischen Vorgänge chronologisch gebucht; folglich muß das Journal auch eine vollständige Übersicht über alle ökonomischen Bewegungen und ihre Wirkungen liefern können. Es gibt Bewegungs- und Wirkungsbilanzen des Journals.

1. Die Bewegungsbilanz des Journals

Die Bewegungsbilanz ist unmittelbar durch die Endsummen des Journals gegeben. Nachstehend folgt ein Beispiel:

Bewegungsbilanz des Journals

Kapitalminderung	44 434,15	Kapitalmehrung	70 172,39
Vermögensmehrung	154 251,29	Vermögensminderung	104 967,07
Einnahmen	79 706,65	Ausgaben	90 517,43
Kostenmehrung	75 674,26	Kostenminderung	2 072,20
Erträgnisminderung	2 963,70	Erträgnismehrung	89 300,96
	357 030,05		357 030,05

Dieser Bewegungsverlauf kommt in jedem Betriebe vor, gleichgültig welcher Art und Größe. Er entscheidet über den Erfolg, die Liquidität und die Investition. Die sechs ökonomischen Wertarten mit Mehrung und Minderung sind hier bilanziert worden, und zwar in einer Weise, die einen hohen betriebswirtschaftlichen Erkenntniswert besitzt.

Mehrungen und Minderungen werden nun wie folgt aufgerechnet:

Kapitalmehrung	70 172,39	Vermögensmehrung	154 251,29
./. Kapitalminderung	44 434,15	./. Vermögensminderung	104 967,07
Kapitalzunahme	25 738,24	Vermögenszunahme	49 284,22

Ausgaben	90 517,43
./. Einnahmen	79 706,65
Ausgabenüberschuß	10 810,78

	Kostenmehrung	75 674,26		Erträgnismehrung	89 300,96
./.	Kostenminderung	2 072,20	./.	Erträgnisminderung	2 963,70
	Kosten	73 602,06		Erträgnis	86 337,26

Dadurch sind die Wirkungen der ökonomischen Bewegungen festgestellt. Sie werden kontomäßig in den Wirkungsbilanzen dargestellt.

2. Die Wirkungsbilanzen des Journals

Wir haben fünf Gruppen ökonomischer Bewegungen, nämlich

1. Kapitalbewegungen: Mehrung oder Minderung des Kapitals,
2. Vermögensbewegungen: Mehrung oder Minderung des Vermögens,
3. Geldbewegungen: Mehrung (Einnahmen) oder Minderung (Ausgaben) des Geldes,
4. Kostenbewegungen: Mehrung oder Minderung der Kosten,
5. Erträgnisbewegungen: Mehrung oder Minderung der Erträgnisse.

In jeder Bewegungsgruppe zeigt der Saldo die Wirkung der Bewegungen an. Darum gibt es zunächst einmal als Wirkungsbilanz eine Fünfsaldenbilanz.

a) Die Fünfsaldenbilanz des Journals

Sie hat in diesem Beispiel folgendes Aussehen:

Fünfsaldenbilanz des Journals

Vermögenszunahme	49 284,22	Kapitalzunahme	25 738,24
Kosten	73 602,06	Ausgabenüberschuß	10 810,78
		Erträgnis	86 337,26
	122 886,28		122 886,28

Nun werden Erträgnis und Kosten aufgerechnet:

	Erträgnis	86 337,26
./.	Kosten	73 602,06
	Gewinn	12 735,20

Die folgende Wirkungsbilanz ist verdichteter; sie enthält nur noch vier Salden:

b) Die Viersaldenbilanz des Journals

In diesem Falle sieht sie wie folgt aus:

Vermögenszunahme	49 284,22	Kapitalzunahme	25 738,24
		Ausgabenüberschuß	10 810,78
		Gewinn	12 735,20
	49 284,22		49 284,22

Die Zunahme des Vermögens ist in diesem Falle durch Kapitalzunahme, Ausgabenüberschuß und Gewinn durchgeführt worden.

Jetzt erfolgt noch die Aufrechnung der Vermögens- und Kapitalzunahme wie folgt:

	Vermögenszunahme	49 284,22
./.	Kapitalzunahme	25 738,24
	Vermögensüberschuß	23 545,98

Um diesen Betrag ist die Investitionsquote gestiegen. Vermögensmehrung und Kapitalminderung bedeuten ein Steigen, Kapitalmehrung und Vermögensminderung ein Fallen der Investitionsquote.

Die folgende Wirkungsbilanz ist noch weiter konzentriert; sie enthält nur noch drei Salden.

c) Die Dreisaldenbilanz des Journals

Sie hat in diesem Beispiel folgendes Aussehen:

Vermögensüberschuß	23 545,98	Ausgabenüberschuß	10 810,78
		Gewinn	12 735,20
	23 545,98		23 545,98

In diesem Falle erfolgte die Erhöhung der Investitionsquote durch Ausgaben und Gewinn. Der Gewinn steckt im Sachvermögen.

Die Dreisaldenbilanz ist die konzentrierteste Wirkungsbilanz; sie kann daher auch als die „Bilanz der Dynamik" bezeichnet werden; denn sie zeigt die Veränderung der drei Wertprobleme des Betriebes, nämlich der Liquidität, der Investition und des Erfolges.

Die Journalbilanzen sind gleichzeitig die Kontrolle über die rechnerische und buchhalterische Richtigkeit der Journalbuchungen.

B. Der kombinierte Abschluß des Journals mit dem einzelner Konten: Erweiterte Journalbilanzen

Die Journalbilanzen enthalten den vollständigen Zusammenhang der ökonomischen Bewegungen (Bewegungsbilanzen) oder Wirkungen (Wirkungsbilanzen). Diese Journalbilanzen können nun erweitert werden. Das erfolgt in der Weise, daß einzelne, besonders wichtige Konten abgeschlossen und in die Journalbilanzen eingebaut werden.

1. Die erweiterte Bewegungsbilanz des Journals

Wir nehmen an, daß von den Kapitalkonten nur folgende Einzelkonten abgeschlossen werden: Privatentnahmen, Lieferantenschulden und Darlehen. Zieht man die Umsätze dieser Konten von den gesamten Umsätzen der Kapitalrechnung ab, so ist der Rest der Umsatz des sonstigen Kapitals. Von den Vermögenskonten werden hier abgeschlossen die Konten der Warenbestände, der Kundenforderungen und der Kundenwechsel; der Rest ist dann das sonstige Vermögen. Von den Geldverkehrskonten werden Kasse und Bank abgeschlossen. Insgesamt werden in diesem Falle 8 Einzelkonten abgeschlossen. Das Ergebnis zeigt die folgende Übersichtsrechnung:

	Kapital-rechnung		Vermögens-rechnung		Geldrechnung		Arbeitsrechnung	
	—	+	+	—	Einnahmen	Ausgaben	Kosten + Erträgnis -	Erträgnis + Kosten -
Summen:	44 434,15	70 172,39	154 251,29	104 967,07	79 706,65	90 517,43	78 637,96	91 373,16
Privatentnahmen . . .	6 105,45	45,30						
Lieferantenschulden .	32 928,70	45 878,81						
Darlehn		10 000,00						
Sonstiges Kapital . .	5 400,00	14 248,28						
Warenbestände			45 738,34	42 820,92				
Kundenforderungen .			67 194,61	58 940,15				
Kundenwechsel			16 660,40	1 230,00				
Sonstiges Vermögen .			24 657,94	1 976,—				
Kasse					35 841,47	83 302,90		
Bank					56 805,18	60 154,53		
	44 434,15	70 172,39	154 251,29	104 967,07	79 706,65	90 517,43	78 637,96	91 373,16

Die Journalbilanz ist nun erweitert worden und hat folgendes Aussehen:

I. Kapitalminderung		I. Kapitalmehrung	
1. Privatentnahme	6 105,45	1. Privateinlage	45,30
2. Minderg. d. Lieferantensch. .	32 928,70	2. Mehrung d. Lieferantensch.	45 871,81
3. Minderg. d. sonst. Kapitals .	5 400,00	3. Mehrung des Darlehns	10 000,00
		4. Mehrung d. sonst. Kapitals .	14 248,28
II. Vermögensmehrung		II. Vermögensminderung	
1. Mehrung d. Warenbestandes	45 738,34	1. Minderung d. Warenbestände	42 820,92
2. Mehrung d. Kundenforderg. .	67 194,61	2. Minderung d. Kundenforderg.	58 940,15
3. Mehrung d. Kundenwechsel .	16 660,40	3. Minderung d. Kundenwechsel	1 230,00
4. Mehrung d. sonst. Vermög.	24 657,94	4. Minderung d. sonst. Vermög.	1 976,00
III. Einnahmen		III. Ausgaben	
1. Einnahmen der Kasse	35 841,47	1. Ausgaben der Kasse	43 302,90
2. Einnahmen der Bank	56 805,18	2. Ausgaben der Bank	60 154,53
IV. Kostenmehrung	75 674,26	IV. Kostenminderung	2 072,20
V. Erträgnisminderung	2 963,70	V. Erträgnismehrung	89 300,96
	369 970,05		369 970,05
	÷ 357 030,05		÷ 357 030,05
Einnahmen innerhalb des Geldverkehrs . .	12 940,00	Ausgaben innerhalb des Geldverkehrs . .	12 940,00

Da Mehrung und Minderung auf allen Konten vorkommen können, ist es zweckmäßig, mitunter folgende Form der Darstellung zu wählen:

Konten	Kapitalminderung Vermögensmehrung Einnahmen Kostenmehrung Erträgnisminderung	Kapitalmehrung Vermögensminderung Ausgaben Erträgnismehrung Kostenminderung
Privatentnahmen	6 105,45	45,30
Lieferantenkonto	32 928,70	45 878,81
Darlehnskonto		10 000,00
Sonstige Kapitalkonten	5 400,00	14 248,28
Warenbestandskonto	45 738,34	42 820,92
Kundenforderungen	67 194,61	58 940,15
Kundenwechsel	16 660,40	1 230,00
Sonstiges Vermögen	24 657,94	1 976,00
Kassenkonto	35 841,47	43 302,90
Bankkonto	56 805,18	60 154,53
Kosten	75 674,26	2 072,26
Erträgnisse	2 963,70	89 300,96
	369 970,05	369 970,05
	357 030,05	357 030,05
	12 940,00	12 940,00

Welche Konten zur Ausweitung der Bewegungsbilanz herangezogen werden, richtet sich nach den Bilanzierungswünschen. Die Konten können ganz beliebig gewählt werden; hier ist kein Zwang gegeben.

2. Die erweiterten Wirkungsbilanzen des Journals

Bei den Wirkungsbilanzen ist nun wesentlich, ob sie mit oder ohne die Zahlen der Eröffnungsbilanz erstellt werden, weil jeweils ein anderes Bilanzierungsbild dadurch in Erscheinung tritt. Die Eröffnungsbilanz ist ja auch eine Wirkungsbilanz; denn sie enthält Salden; sie geben die Wirkungen der Bewegungen der Vorperiode an.

a) Die erweiterte Wirkungsbilanz ohne Werte der Eröffnungsbilanz

Das Journal liefert die Salden der Kapital-, Vermögens-, Geld- und Arbeitsrechnung ohne Vorträge. Darunter werden dann die Salden der beliebig ausgewählten Konten eingesetzt, wie es das folgende Beispiel zeigt:

Konten	Kapitalrechnung		Vermögensrechnung		Geldrechnung		Arbeitsrechnung	
	—	+	+	—	Einnahmen	Ausgaben	Kosten	Erträgnis
Salden	25 738,24			49 284,22	10 810,78		12 735,20	
Privatentnahme	6 060,15							
Lieferantenschulden		12 950,11						
Darlehn		10 000,00						
Sonstiges Kapital		8 848,28						
Warenbestände			2 917,42					
Kundenforderungen			8 254,46					
Kundenwechsel			15 430,40					
Sonstiges Vermögen			22 681,94					
Kasse						7 461,43		
Bank						3 349,35		
Summen:	31 798,39	31 798,39	49 284,22	49 284,22	10 810,78	10 810,78	12 735,20	

Ohne die Daten der Eröffnungsbilanz ist auf diese Weise eine Beständebilanz entstanden. Die Beständebilanz ist eine Wirkungsbilanz; sie muß eine Saldenbilanz sein. In unserem Falle hat sie folgendes Aussehen:

Privatentnahmen	6 060,15	Lieferantenschulden	12 950,11
Warenbestände	2 917,42	Darlehen	10 000,—
Kundenforderungen	8 254,46	Sonstiges Kapital	8 848,28
Kundenwechsel	15 430,40	Kasse	7 461,43
Sonstiges Vermögen	22 681,94	Gewinn	12 735,20
	55 344,37		55 344,37

Diese Salden- oder Wirkungsbilanz zeigt die Salden oder Bestände, die aus den Bewegungen dieser Periode (ohne die Bestände der Vorperiode) entstanden sind.

b) Die erweiterte Wirkungsbilanz mit Werten der Eröffnungsbilanz

Dieser Abschluß sieht so aus, wie es die nachfolgende Tabelle zeigt.

	Kapitalrechnung		Vermögensrechnung		Geldrechnung		Arbeitsrechnung	
	—	+	+	—	Einnahmen	Ausgaben	Kosten	Erträgnisse
Salden der Eröffnungsbilanz	65 522,90			55 728,60		9 824,30		
Salden neuer Bewegung	25 738,24			49 284,22	10 810,78		12 735,20	
Aufgerechnete Salden	91 291,14			105 012,82	986,48		12 735,20	
Eigenkapital		61 668,41						
Entnahmen	6 060,15							
Lieferantenschulden		15 834,60						
Darlehn		10 000,—						
Sonstige Schulden		9 848,28						
Warenbestände			4 350,20					
Kundenforderungen			21 830,60					
Kundenwechsel			14 430,40					
Sonstiges Vermögen			64 401,62					
Kasse					1 230,35			
Bank						2 216,83		
	97 351,29	97 351,29	105 012,82	105 012,82	2 216,83	2 216,83	12 735,20	

Mit den Daten der Eröffnungsbilanz hat die Beständebilanz, die mit Hilfe der Wirkungsbilanz des Journals erzielt worden ist, folgendes Aussehen:

Entnahmen	6 060,15	Kapital	61 668,41
Waren	4 350,20	Lieferantenschulden	15 834,60
Kundenforderungen	21 830,60	Darlehen	10 000,—
Wechsel	14 430,40	Sonstige Schulden	9 848,28
Sonstiges Vermögen	64 401,62	Bank	2 216,83
Kasse	1 230,35	Gewinn	12 735,20
	112 303,32		112 303,32

Dieser Abschluß ist gleichzeitig eine Schnellbilanzierung der Bestände, wenn nicht alle Konten abgeschlossen werden sollen, sondern nur diejenigen, die von besonderer Bedeutung sind.

Natürlich können auch die Erfolgskonten (Konten der Arbeitsrechnung) in dieser Weise gesondert behandelt werden.

3. Die kombinierte erweiterte Bewegungs- und Wirkungsbilanz des Journals

Eine kombinierte Journalbilanz liegt dann vor, wenn Summen und Salden zusammen bilanziert werden. Es kann zweckmäßig sein, auch solche Bilanzen zu erstellen. Nachstehend folgt für ein solches Beispiel der Abschluß.

Positionen	Kapitalrechnung		Vermögensrechnung		Geldrechnung		Arbeitsrechnung	
	—	+	+	—	Einnahmen	Ausgaben	Kosten	Erträgnisse
Salden	25 738,24			49 284,22	10 810,78		12 735,20	
Privatentnahme	6 105,45	45 ,30						
Lieferantenschulden	32 928,70	45 878,81						
Darlehn		10 000,00						
Sonst. Kapital : Saldo		8 848,28						
Warenbestände			45 738,34	42 820,92				
Kundenforderungen			67 194,61	58 940,15				
Kundenwechsel			16 660,40	1 230,—				
Sonst. Vermögen : Saldo			22 681,94					
Kasse					35 841,47	43 302,90		
Bank					56 805,18	60 154,53		
	64 772,39	64 772,39	152 275,29	152 275,29	103 457,43	103 457,43	12 735,20	

Aus diesem Abschluß, der sowohl Salden als auch Summen enthält, ergibt sich folgendes:

Kombinierte Journalbilanz

Privatentnahmen	6 105,45	Privat Einlage	45,30
Lieferantenschulden Minderg.	32 928,70	Lieferantenschulden Mehrung	45 878,81
		Darlehen	10 000,—
		Sonst. Kap. Zunahme: Saldo	8 848,28
Warenbestände Mehrung	45 738,34	Kundenforderung Minderung	58 940,15
Kundenforderung Mehrung	67 194,61	Warenbestände Minderung	42 820,92
Kundenwechsel Mehrung	16 660,40	Kundenwechsel Minderung	1 230,—
Sonst. Verm. Zunahme: Saldo	22 681,94		
Kasse Einnahmen	35 841,47	Kasse Ausgaben	43 302,90
Bank Einnahmen	56 805,18	Bank Ausgaben	60 154,53
		Gewinn (Saldo)	12 735,20
	283 956,09		283 956,09

Viele Kombinationsmöglichkeiten der Saldierung sind gegeben; welche Form der Bilanzierung dieser Art vorgenommen werden soll, richtet sich nach den Wünschen und Bedürfnissen des Betriebes.

C. Der Kontenabschluß

Die systematische Darstellung der ökonomischen Vorgänge erfolgt auf den Konten des Hauptbuches. Werden diese abgeschlossen, so ist das Resultat des Abschlusses eine Bilanztabelle.

I. Die Bilanztabelle

Die Bilanztabelle enthält die Summen und Salden der ökonomischen Bewegungen der einzelnen Konten in systematischer Zusammenstellung entsprechend dem Kontenplan des Betriebes.

Der neue Kontenplan findet hier gleichzeitig Verwendung, der sich aus derselben Konzeption ergibt, aus der auch die funktionale Kontorechnung hervorgeht. Er ist dadurch gekennzeichnet, daß jede Kontenklasse nur Konten gleicher Art enthält. Dadurch wird auch die Bilanzierung erleichtert. Nebenbei sei aber bemerkt, daß auch jeder andere Kontenrahmen in der funktionalen Kontorechnung benutzt werden kann.

1. Der schematische Aufbau der Bilanztabelle

Die Struktur des ökonomischen Bewegungsverlaufs, wie ihn die Tabelle auf S. 16 zeigt, bestimmt zwangsläufig den Aufbau der Bilanztabelle.

Die Kontrolle für die buchhalterische und rechenhafte Richtigkeit ist vielseitig:

1. Die Summen der linken Seite müssen gleich den Summen der rechten Seite sein. Die Zusammenstellung ist die Bewegungsbilanz des Journals.
2. Die Salden der linken Seite müssen gleich den Salden der rechten Seite sein; ihre Zusammenstellung entspricht der Wirkungsbilanz des Journals.
3. Der Saldo in der Arbeitsbilanz muß gleich dem Saldo in der V+G-Rechnung und der Beständebilanz sein.

Diese Identität von Summen und Salden des Journals und der Konten des Hauptbuches ergibt sich aus der Tatsache, daß im Journal chronologisch, auf den Konten des Hauptbuches systematisch der gleiche Stoff gebucht ist.

Lfd. Nr.	Konto		Summenbilanzen = Bewegungsbilanzen										Saldenbilanzen = Wirkungsbilanzen	
			Güterbewegungsbilanz				Geldverkehrsbilanz		Arbeitsbilanz					
	Nr.	Name	Kapitalbewegungsbilanz		Vermögensbewegungsbilanz				Kostenbewegungsbilanz		Erträgnisbewegungsbilanz		Beständebilanz	
			—	+	+	—	Einn.	Ausg.	+	—	—	+		
1.	1.	Kapitalkonten												
2.	2.	Anlagekonten												
3.	3.	Vorratskonten												
4.	4.	Forderungskonten												
5.	5.	Zahlungsmittelkten.												
													V+G-Rechn.	
6.	6.	Kostenkonten												
7.	8.	Erträgniskonten												
8.	9.	Ausgrenzungskonten												
9.		Summen												
10.	Kapitalzu- od. -abnahme		+	—										
11.	Vermögenszu- oder abnahme				—	+								
12.	Einnahmen- oder Ausgabenüberschuß						—	+						
13.	Kosten								+					
14.	Erträgnis											+		
15.	Gewinn oder Verlust												—	+
16.	Kontrollsumme		=	=	=	=	=	=	=	=	=	=	=	=

Für die praktische Bilanzierung der funktionalen Kontorechnung hat sich folgender Aufbau der Bilanztabelle gut bewährt:

Konto Nr.	Konto	Kapitalbewegung		Vermögensbewegung		Geldverkehr		Arbeitsprozeß		Umsatz-Bilanz	
		—	+	+	—	Einnahmen	Ausgaben	Kosten + Erträgnisse —	Erträgnisse + Kosten —		

Bilanz der Salden		Eröffnungs-Bilanz		Bilanz der Buchwerte		Gegen-Konto	Umbuchungen		Inventur-Bilanz		Verlust- und Gewinn-Rechnung	

Nur aus drucktechnischen Gründen ist hier das Formular halbiert worden.

2. Die detaillierte Bilanztabelle

In dieser Bilanztabelle ist jedes Konto mit seinen Summen und Salden sowie den korrespondierenden Vorgängen enthalten. Nachstehend folgt dafür ein Beispiel.

Die detaillierte Bilanztabelle

Konto Nr.	Konto	Kapitalbewegung		Vermögensbewegung		Geldverkehr		Arbeitsprozeß		Umsatz-Bilanz	
		—	+	+	—	Einnahmen	Ausgaben	Kosten + Erträgnisse —	Erträgnisse + Kosten —		
111	Barentnahmen						2 360,75		— 560,40	2 921,15	
112	Sachentnahmen							— 45,30	380,95	380,95	45,30
116	Sonderausgaben						2 803,35			2 803,35	
141	Lieferantenschulden		5 738,40	45 738,34	1 230,—		25 960,30	140,47		32 928,70	45 878,81
143	Akzepte	5 738,40					4 000,—			4 000,—	5 738,40
144	Sonstige Verbindlichkeiten			6 403,48			1 400,—	2 106,40		1 400,—	8 509,88
145	Darlehen					10 000,—					10 000,—
		5 738,40	5 738,40	52 141,82	1 230,—	10 000,—	36 524,40	2 292,17	941,35	44 434,15	70 172,39
								— 45,30	— 560,40		
								+ 2 246,87	+ 380,95		
201	Maschinen						15 837,40	1 438,—		15 837,40	1 438,—
202	Einrichtungen		6 403,48					538,—		6 403,48	538,—
301	Waren		45 738,34					42 820,92		45 738,34	42 820,92
411	Kundenforderungen			16 660,40		41 541,65	7 820,—	— 738,10	+ 58 936,21	67 194,61	58 940,15
414	Sonstige Forderungen						2 417,06		— 438,40	2 417,06	
441	Kundenwechsel	1 230,—			16 660,40					16 660,40	1 230,—
		1 230,—	52 141,82	16 660,40	16 660,40	41 541,65	26 074,46	45 535,02	59 374,61	154 251,29	104 967,07
								— 738,10	— 438,40		
								+ 44 796,92	58 936,21		
								12 112,13	11 521,17		
501	Kasse	6 380,37		24 810,40	10 850,30		12 940,—	15 376,34	— 530,—	35 841,47	43 302,90
502	Bank	30 144,03	10 000,—	1 264,06	30 691,35	12 940,—		— 430,10	16 113,83	56 805,18	60 154,53
		36 524,40	10 000,—	26 074,46	41 541,65	12 940,—	12 940,—	27 488,47	— 530,—	92 646,65	103 457,43
								— 430,10	27 635,—		
601	Personenkosten		2 106,40			530,—	13 825,60		938,60	16 870,60	530,—
610	Wareneinsatz				42 820,92				— 203,40	43 024,32	
621	Raum- u. Energiekosten						938,35			938,35	
631	Frachten		140,47				320,85			461,32	
642	Versandkosten						708,32	203,40		708,32	203,40
655	Bürokosten						1 807,40			1 807,40	
658	Werbungskosten						4 109,40	— 340,—		4 109,40	340,—
661	Vertreter-Provision	560,40					2 400,—			2 400,—	560,40
665	Abschreibungen				1 976,—					1 976,—	
690	Steuern						2 340,15			2 340,15	
901	Außerord. Aufwendungen			438,40			1 038,40			1 038,40	438,40
		560,40	2 246,87	438,40	44 796,92	530,—	27 488,47	543,40	1 142,—	75 674,26	2 072,20
									— 340,—		
801	Erlöse Betrieb			58 936,21	738,10	27 635,—	430,10	938,60	1 410,20	2 918,40	87 509,81
802	Sonstige Erträgnisse							— 1 410,20			1 410,20
830	Private Sachentnahmen	380,95	45,30							45,30	380,95
		380,95	45,30	58 936,21	738,10	27 635,—	430,10	2 348,80	1 750,20	2 963,70	89 300,96

Aus Gründen der Raumersparnis ist nur der erste Teil der Bilanztabelle mit einem Beispiel ausgefüllt; denn er enthält die neue Art der Bilanzierung der funktionalen Kontorechnung. Der zweite Teil der Bilanztabelle ist in seinem Inhalt bekannt.

3. Die konzentrierte Bilanztabelle

Es ist nun ohne weiteres möglich, auch eine konzentrierte Bilanztabelle mit den Kontenklassen aufzustellen; sie bildet die Zusammenfassung der Glieder der Bilanztabelle. Nachstehend folgt das Beispiel:

Konten	Kapitalbewegung		Vermögensbewegung		Geldverkehr		Arbeitsprozeß		Umsatz-Bilanz	
	—	+	+	—	Einnahmen	Ausgaben	Kosten + Erträgnisse —	Erträgnisse + Kosten —		
Kapital	5 738,40	5 738,40	52 141,82	1 230,—	10 000,—	36 524,40	2 292,17	941,35	44 434,15	70 172,39
Vermögen	1 230,—	52 141,82	16 660,40	16 660,40	41 541,65	26 074,46	45 535,02	59 374,61	154 251,29	104 967,07
Zahlungsmitt	36 524,40	10 000,—	26 074,46	41 541,65	12 940,—	12 940,—	27 918,57	28 165,—	92 646,65	103 457,43
Kosten	560,40	2 246,87	438,40	44 796,92	530,—	27 488,47	543,40	1 142,—	75 674,26	2 072,20
Erträgnis	380,95	45,30	58 936,21	738,10	27 635,—	430,10	2 348,80	1 750,20	2 963,70	89 300,96
Summen:	44 434,15	70 172,39	154 251,29	104 967,07	92 646,65	103 457,43	78 637,96	91 373,16	369 970,05	369 970,05
Kapitalzunahme	25 738,24									
Vermögenszunahme				49 284,22						
Ausgabenüberschuß					10 810,78					
Gewinn							12 735,20			
	70 172,39	70 172,39	154 251,29	154 251,29	103 457,43	103 457,43	91 373,16	91 373,16		

Die Konzentration kann noch weiter durchgeführt werden, wie es die nachstehende Bilanztabelle zeigt:

Positionen	Kapitalrechnung		Vermögensrechnung		Geldrechnung		Arbeitsprozeß	
	+	—	—	+	Einnahmen	Ausgaben	Kosten + Erträgnis —	Erträgnis + Kosten —
1. Kapitalbewegung	44 434,15	70 172,39			10 000,—	36 524,40		
2. Vermögensbewegung			154 251,29	104 967,07	41 541,65	26 074,46		
3. Kostenbewegung					530,—	27 488,47	75 674,26	2 072,20
4. Erträgnisbewegung					27 635,—	430,10	2 963,70	89 300,96
Summen:	44 434,15	70 172,39	154 251,29	104 967,07	79 706,65	90 517,43	78 637,96	91 373,16
Kapitalzunahme	25 738,24							
Vermögenszunahme				49 284,22				
Ausgabenüberschuß					10 810,78			
Gewinn							12 735,20	
	70 172,39	70 172,39	154 251,29	154 251,29	90 517,43	90 517,43	91 373,16	91 373,16

Der Geldverkehr weist folgende Unterschiede in diesen beiden Tabellen auf:

	Einnahmen	Ausgaben
Tabelle oben	92 646,65	103 457,43
Tabelle unten	79 706,65	90 517,43
	12 940,00	12 940,00

Diese Differenz ist die Bewegung, die sich innerhalb des Geldverkehrs vollzogen hat.

Die Bilanzierung in der Horizontalen muß mit der korrespondierenden Bilanzierung in der Vertikalen übereinstimmen. Die Summen und Salden müssen auch mit den entsprechenden Journalbilanzen übereinstimmen. Hierin liegt eine wesentliche und wertvolle Rechenkontrolle.

Aus diesen Bilanztabellen, die sich unmittelbar aus dem Kontenabschluß ergeben, können die einzelnen Bilanzen unmittelbar entnommen werden.

II. Die einzelnen Bilanzen der Bilanztabelle

1. Die einfachen Bewegungsbilanzen

Die Bewegungsbilanzen sind Summenbilanzen. In welcher Form die Bewegungsbilanzen aufgemacht werden, ist unwesentlich. Wir wählen nachstehend eine Form, von der wir annehmen, daß sie besonders übersichtlich ist. Das Kontoprinzip wird voll gewahrt.

a) Die Geldverkehrsbilanz

Gerade die Geldverkehrsbilanz ist ein besonders wertvolles Ergebnis der funktionalen Kontorechnung, die ihre große Überlegenheit gegenüber der bekannten doppelten Buchhaltung besonders hier eindeutig zeigt; denn eine Geldverkehrsbilanz kann aus der doppelten Buchhaltung nicht gewonnen werden. Die monatlichen Geldverkehrsbilanzen sind das wichtigste Mittel der Liquiditätsüberwachung und Finanzplanung. Nachstehend folgt die Geldverkehrsbilanz dieses Beispiels:

Konto Nr.	Konto	Einnahmen	Ausgaben
111	Private Entnahmen		2 360,75
116	Sonderausgaben		2 803,35
141	Lieferantenschulden		25 960,30
143	Akzepte		4 000,—
144	Sonstige Verbindlichkeiten		1 400,—
145	Darlehn	10 000,—	
201	Maschinen		15 837,40
411	Kundenforderungen	41 541,65	7 820,—
414	Sonstige Forderungen		2 417,06
601	Personalkosten	530,—	13 825,60
621	Raum- und Energiekosten		938,35
631	Frachten		320,85
642	Versandkosten		708,32
655	Diskontkosten		1 807,40
658	Werbungskosten		4 109,40
661	Vertreterprovision		2 400,—
690	Steuern		2 340,15
901	Außerordentl. Aufwendungen		1 038,40
801	Erträgnis Betrieb	27 635,—	430,10
		79 706,65	90 517,43
	Ausgabenüberschuß	10 810,78	
		90 517,43	90 517,43

Die Kleinbetriebe und alle etatisierenden Betriebe bevorzugen die Einnahmen- und Ausgabenrechnung, die wir kurz Geldrechnung oder Geldverkehrsrechnung nennen. Sie können auf diese Rechnung nicht verzichten, weil sie notwendig ist. Durch die funktionale Kontorechnung kann auch die „kaufmännische" Buchhaltung eine systematische Einnahmen- und Ausgabenrechnung führen; sie hat nun auch diesen Vorzug der „kameralistischen" Buchhaltung. Allein in dieser Tatsache liegt der große Vorteil der funktionalen Kontorechnung gegenüber der bekannten Doppik.

b) Die Kapitalbewegungsbilanz

Die Bilanzierung des Kapitalverkehrs ist einfach aus der Bilanztabelle zu entnehmen, wie es das nachfolgende Beispiel zeigt:

Konto Nr.	Konto	Kapital-minderung	Kapital-mehrung
111	Entnahmen (bar)	2 921,15	
112	Sachentnahmen	380,95	45,30
116	Sonderausgaben	2 803,35	
141	Lieferanten	32 928,70	45 878,81
143	Akzepte	4 000,—	5 738,40
144	Sonstige Verbindlichkeiten	1 400,—	8 509,88
145	Darlehn		10 000,00
		44 434,15	70 172,39
	Kapital-Zunahme	25 738,24	
		70 172,39	70 172,39

Die Kapitalbewegungsbilanz enthält alle Konten der Kontenklasse 1 des neuen Kontenrahmens, die Kapitalkonten.

c) Die Vermögensbewegungsbilanz

Sie enthält den gesamten Inhalt der Vermögensbewegung, die entweder Vermögensmehrung oder Vermögensminderung sein kann.

Konto Nr.	Konto	Vermögens-mehrung	Vermögens-minderung
211	Maschinen	15 837,40	1 438,—
202	Einrichtungen	6 403,48	538,—
301	Waren	45 738,34	42 820,92
411	Kundenforderungen	67 194,61	58 940,15
414	Sonstige Forderungen	2 417,06	
441	Kundenwechsel	16 660,40	1 230,—
		154 251,29	104 967,07
	Vermögenszunahme		49 284,22
		154 251,29	154 251,29

Die Vermögensbewegungsbilanz zeigt den Inhalt der Kontenklasse 2 Anlagen, 3 Vorräte, 4 Forderungen des neuen Kontenrahmens.

d) Die Arbeitsbilanz

Die V + G-Rechnung ist nicht mit der Arbeitsbilanz identisch; denn die V + G-Rechnung ist eine Saldenbilanz der Erfolgskonten. Die Arbeitsrechnung ist eine Summen- und darum eine Bewegungsbilanz. Nachstehend werden beide Teile der Arbeitsbilanz besonders dargestellt.

d-1) Die Bilanz der Kostenbewegung

Konto Nr.	Konto	Kostenmehrung	Kostenminderung
601	Personalkosten	16 870,60	530,—
610	Waren-Einsatz	43 024,32	
621	Raum- und Energiekosten	938,35	
631	Frachten	461,32	
642	Versandkosten	708,32	203,40
655	Bürokosten	1 807,40	
658	Werbungskosten	4 109,40	340,—
661	Vertreter-Provision	2 400,—	560,40
665	Abschreibungen	1 976,—	
690	Steuern	2 340,15	
901	Außerordentl. Aufwendungen	1 038,40	438,40
		75 674,26	2 072,20
	Kosten		73 602,06
		75 674,26	75 674,26

d-2) Die Bilanz der Erträgnisbewegung

Konto Nr.	Konto	Erträgnisminderung	Erträgnismehrung
801	Erlöse Betrieb	2 918,40	87 509,81
802	Sonstige Erträge		1 410,20
830	Private Sachentnahmen	45,30	380,95
		2 963,70	89 300,96
	Erträgnisse	86 337,26	
		89 300,96	89 300,96

Diese beiden Bilanzen der Kosten- und Erträgnisbewegung können auch zu einer Bilanz zusammengefaßt werden, wie es nachfolgend geschieht.

Das Einsetzen der Einzelkonten unterbleibt aus Raumgründen. Diese Aufgabe kann der Leser selbst leicht durchführen.

d-3) Die konzentrierte Arbeitsbilanz

Erträge		86 337,26
Kosten	73 602,06	
Gewinn	12 735,20	
	86 337,26	86 337,26

d-4) Die detaillierte Arbeitsbilanz

Natürlich kann die Arbeitsbilanz auch mit allen einzelnen Kosten- und Erträgniskonten zusammen erstellt werden. Ihr Aufbau ist dann folgender:

Arbeitsbilanz

I. Kostenmehrung	I. Erträgnismehrung
II. Erträgnisminderung	II. Kostenminderung

Auch kann der folgende Aufbau der Arbeitsbilanz gewählt werden:

Konto-Nr.	Konto	Kostenmehrung Erträgnisminderung	Kostenminderung Erträgnismehrung
	Kostenkonten	+	—
	Erträgniskonten	—	+

Die Darstellungsform wird sich vielfach nach den Gewohnheiten des Betriebes richten. Sie ist keine Grundsatzfrage, sondern ein solche der Zweckmäßigkeit.

2. Die polaren Bewegungsbilanzen

Weil der ökonomische Vorgang polar ist, sind Bewegungsbilanzen erst dann ganz vollkommen, wenn die Polarität des ökonomischen Bewegungsverlaufs auch bilanziert werden kann. Die polaren Bewegungsbilanzen zeigen betriebs-wirtschaftliche Zusammenhänge, die bis dahin unbekannt sein mußten, weil sie buchhalterisch nicht dargestellt werden konnten.
Besonders mit Hilfe der polaren Bewegungsbilanzen wird die Struktur des ökonomischen Bewegungsverlaufs offengelegt, wodurch besonders wertvolle Einsichten erschlossen werden.

a) Die detaillierten polaren Bewegungsbilanzen

Sie enthalten alle Einzelkonten. Diese Bilanzen stehen auf den Seiten 22 ff. Aus den polaren Bilanzen der Kosten- und Erträgnisbewegung kann die polare Arbeitsbilanz insgesamt erstellt werden. Aus Gründen der Raumersparnis wird hier davon Abstand genommen.

b) Die konzentrierten polaren Bewegungsbilanzen

Sie ergeben sich unmittelbar aus den Summen der polaren Bewegungsbilanzen; die Summen der polaren Bewegungsbilanzen sind die konzentrierte Form der Bewegungsbilanzen; sie zeigen die ökonomischen Strukturen der Bewegungsverläufe. Die Übersicht über die Zusammenhänge wird durch diese Form der Darstellung erhöht.

b-1) Die konzentrierte polare Geldverkehrsbilanz

Einnahmen aus		Ausgaben für	
1. Kapitalmehrung	10 000,—	1. Kapitalminderung	36 524,40
2. Vermögensminderung	41 541,65	2. Vermögensmehrung	26 074,46
3. Kostenminderung	530,—	3. Kostenmehrung	27 488,47
4. Erträgnismehrung	27 635,—	4. Erträgnisminderung	430,10
5. Ausgaben	12 940,—	5. Einnahmen	12 940,—
	92 646,65		
Ausgabenüberschuß	10 810,78		
	103 457,43		103 457,43

b-2) Die konzentrierte polare Kapitalbewegungsbilanz

Kapitalminderung durch		Kapitalmehrung wird	
1. Kapitalmehrung	5 738,40	1. Kapitalminderung	5 738,40
2. Vermögensminderung	1 230,—	2. Vermögensmehrung	52 141,82
3. Ausgaben	36 524,40	3. Einnahmen	10 000,—
4. Kostenminderung	560,40	4. Kostenmehrung	2 246,87
5. Erträgnismehrung	380,95	5. Erträgnisminderung	45,30
	44 434,15		
Kapitalzunahme	25 738,24		
	70 172,39		70 172,39

a-1) Die polare Geldverkehrsbilanz

Konto-Nr.	Konto	Geldverkehr Ein-nahmen	Geldverkehr Aus-gaben	Korrespondierende Vorgänge: Kapitalbewegung −	Kapitalbewegung +	Vermögens-bewegung +	Vermögens-bewegung −	Geldverkehr Einnahmen	Geldverkehr Ausgaben	Kostenbewegung +	Kostenbewegung −	Erträgnis-bewegung −	Erträgnis-bewegung +
111	Entnahmen		2 360,75	2 360,75									
116	Sonderausgaben		2 803,35	2 803,35									
141	Lieferantenschulden		25 960,30	25 960,30									
143	Akzepte		4 000,—	4 000,—									
144	Sonst. Verbindlichkeiten		1 400,—	1 400,—									
145	Darlehen	10 000,—			10 000,—	15 837,40							
411	Kundenforderungen		15 837,40			7 820,—	41 541,65						
201	Maschinen	41 541,65	7 820,—			2 417,06							
414	Sonstige Forderungen		2 417,06										
601	Personalkosten	530,—	13 825,60							13 825,60	530,—		
621	Raum- u. Energiekosten		938,35							938,35			
631	Frachten		320,85							320,85			
642	Versandkosten		708,32							708,32			
655	Bürokosten		1 807,40							1 807,40			
658	Werbungskosten		4 109,40							4 109,40			
661	Vertreterprovision		2 400,00							2 400,—			
690	Steuern		2 340,15							2 340,15			
901	Außerordentl. Aufwend.		1 038,40							1 038,40			
801	Erlöse aus Betrieb	27 635,—	430,10									430,10	27 635,—
		79 706,65	90 517,43	36 524,40	10 000,—	26 074,46	41 541,65			27 488,47	530,—	430,10	27 635,—
	Ausgabenüberschuß	10 810,78											
	Kapitalabnahme				26 524,40								
	Vermögensabnahme					15 467,19							
	Kosten										26 958,47		
	Erträgnis											27 204,90	
		90 517,43	90 517,43	36 524,40	36 524,40	41 541,65	41 541,65			27 488,47	27 488,47	27 635,—	27 635,—

a-2) Die polare Kapitalbewegungsbilanz

Konto-Nr.	Konto	Kapitalbewegungen Kapital-minderung	Kapitalbewegungen Kapital-mehrung	Korrespondierende Vorgänge: Kapitalbewegung −	Kapitalbewegung +	Vermögens-bewegung +	Vermögens-bewegung −	Geldverkehr Einnahmen	Geldverkehr Ausgaben	Kostenbewegung +	Kostenbewegung −	Erträgnis-bewegung −	Erträgnis-bewegung +
111	Entnahmen	2 921,15							2 360,75		560,40		
112	Sachentnahmen	380,95	45,30									45,30	380,95
116	Sonderausgaben	2 803,35							2 803,35				
141	Lieferantenschulden	32 928,70	45 878,81		5 738,40	45 738,34	1 230,—		25 960,30	140,47			
143	Akzepte	4 000,—	5 738,40	5 738,40					4 000,—				
144	Sonst. Verbindlichkeiten	1 400,—	8 509,88			6 403,48			1 400,—	2 106,40			
145	Darlehen		10 000,—					10 000,—					
		44 434,15	70 172,39	5 738,40	5 738,40	52 141,82	1 230,—	10 000,—	36 524,40	2 246,87	560,40	45,30	380,95
	Kapitalzunahme	25 738,24											
	Vermögenszunahme						50 911,82						
	Ausgabenüberschuß							26 524,40					
	Kosten										1 686,47		
	Erträgnis											335,65	
		70 172,39	70 172,39	5 738,40	5 738,40	52 141,82	52 141,82	36 524,40	36 524,40	2 246,87	2 246,87	380,95	380,95

a-3) Die polare Vermögensbewegungsbilanz

Konto-Nr.	Konto	Vermögensbewegung		Korrespondierende Vorgänge									
		Vermögens-		Kapitalbewegung		Vermögensbewegung		Geldverkehr		Kostenbewegung		Erträgnisbewegung	
		mehrung	minderung	—	+	+	—	Einnahmen	Ausgaben	+	—	—	+
201	Maschinen	15 837,40	1 438,—						15 837,40	1 438,—			
202	Einrichtungen	6 403,48	538,—		6 403,48					538,—			
301	Waren	45 738,34	42 820,92		45 738,34					42 820,92			
411	Kundenforderungen	67 194,61	58 940,15			16 660,40		41 541,65	7 820,—		438,40	738,10	58 936,21
414	Sonstige Forderungen	2 417,06							2 417,06				
441	Kundenwechsel	16 660,40	1 230,—	1 230,—			16 660,40						
		154 251,29	104 967,07	1 230,—	52 141,82	16 660,40	16 660,40	41 541,65	26 074,46	44 796,92	438,40	738,10	58 936,21
	Vermögenszunahme		49 284,22										
	Kapitalzunahme			50 911,82									
	Einnahmenüberschuß								15 467,19				
	Kosten										44 358,52		
	Erträgnis											58 198,11	
		154 251,29	154 251,29	52 141,82	52 141,82	16 660,40	16 660,40	41 541,65	41 541,65	44 796,92	44 796,92	58 936,21	58 936,21

a-4) Die polare Arbeitsbilanz — a 41) Die polare Kostenbewegungsbilanz

Konto-Nr.	Konto	Kostenbewegung		Korrespondierende Vorgänge									
		Kosten		Kapitalbewegung		Vermögensbewegung		Geldverkehr		Kostenbewegung		Erträgnisbewegung	
		+	—	—	+	+	—	Einnahmen	Ausgaben	+	—	—	+
60	Personalkosten	16 870,60	530,—		2 106,40			530,—	13 825,60				938,60
610	Wareneinsatz	43 024,32					42 820,92				203,40		
621	Raum- u. Energiekosten	938,35							938,35				
631	Frachten	461,32			140,47				320,85				
642	Versandkosten	708,32	203,40						708,32	203,40			
655	Bürokosten	1 807,40							1 807,40				
658	Werbungskosten	4 109,40	340,—						4 109,40			340,—	
661	Vertreterprovision	2 400,—	560,40	560,40					2 400,—				
665	Abschreibungen	1 976,—					1 976,—						
690	Steuern	2 340,15							2 340,15				
901	außerordentl. Aufwend.	1 038,40	438,40			438,40			1 038,40				
		75 674,26	2 072,20	560,40	2 246,87	438,40	44 796,92	530,—	27 488,47	203,40	203,40	340,—	938,60
	Kostenmehr		73 602,06										
	Kapitalzunahme			1 686,47									
	Vermögensabnahme					44 358,52							
	Ausgabenüberschuß							26 958,47					
	Erträgnismehr											598,60	
		75 674,26	75 674,26	2 246,87	2 246,87	44 796,92	44 796,92	27 488,47	27 488,47	203,40	203,40	938,60	938,60

a-42) Die polare Bilanz der Erträgnisbewegung

Konto-Nr.	Konto	Vorgänge Erträgnisse −	Vorgänge Erträgnisse +	Kapitalbewegung −	Kapitalbewegung +	Vermögensbewegung +	Vermögensbewegung −	Geldverkehr Einnahmen	Geldverkehr Ausgaben	Kostenbewegung +	Kostenbewegung −	Erträgnisbewegung −	Erträgnisbewegung +
801	Erlöse Betrieb	2 918,40	87 509,81			58 936,62	738,10	27 635,—	430,10	938,60	340,—		1 410,20
802	Sonstige Erlöse		1 410,20									1 410,20	
830	Priv. Sachentnahmen	45,30	380,95	380,95	45,30								
		2 963,70	89 300,96	380,95	45,30	58 936,62	738,10	27 635,—	430,10	938,60	340,—	1 410,20	1 410,20
	Erträgnismehr	86 337,26											
	Kapitalabnahme				335,65								
	Vermögenszunahme						58 198,11						
	Einnahmenüberschuß								27 204,90				
	Kostenmehr										598,60		
		89 300,96	89 300,96	380,95	380,95	58 936,62	58 936,62	27 635,—	27 635,—	938,60	938,60	1 410,20	1 410,20

Bewegungsbilanzgefüge

Vorgänge	Summen	Summen	Kapitalbewegung −	Kapitalbewegung +	Vermögensbewegung +	Vermögensbewegung −	Geldverkehr Einnahmen	Geldverkehr Ausgaben	Kostenbewegung +	Kostenbewegung −	Erträgnisbewegung +	Erträgnisbewegung −
Kapital-Minderung	44 434,15			5 738,40		1 230,—		36 524,40		560,40		380,95
Kapital-Mehrung		70 172,39	5 738,40		52 141,82		10 000,—		2 246,87		45,30	
Vermögens-Mehrung	154 251,29			52 141,82		16 660,40		26 074,46		438,40		58 936,21
Vermögens-Minderung		104 967,07	1 230,—		16 660,40		41 541,65		44 796,92		738,10	
Einnahmen	92 646,65			10 000,—		41 541,65		12 940,—		530,—		27 635,—
Ausgaben		103 457,43	36 524,40		26 074,46		12 940,—		27 488,47		430,10	
Kosten-Mehrung	75 674,26			2 246,87		44 796,92		27 488,47		203,40		938,60
Kosten-Minderung		2 072,20	560,40		438,40		530,—		203,40		340,—	
Erträgnis-Minderung	2 963,70			45,30		738,10		430,10		340,—		1 410,20
Erträgnis-Mehrung		89 300,96	380,95		58 936,21		27 635,—		938,60		1 410,20	
	369 970,05	369 970,05	44 434,15	70 172,39	154 251,29	104 967,07	92 646,45	103 457,43	75 674,26	2 072,20	2 963,70	89 300,96

	Saldo		Kapitalrechnung −	Kapitalrechnung +	Vermögensrechnung +	Vermögensrechnung −	Geldverkehr Einnahmen	Geldverkehr Ausgaben	Kostenbewegung +	Kostenbewegung −	Erträgnisbewegung −	Erträgnisbewegung +
Vermögenszunahme	49 284,22			50 911,82			15 467,19		44 358,52			58 198,11
÷ Kapitalzunahme	25 738,24				50 911,82			26 524,40	1 686,47			335,65
Vermögensüberschuß	23 545,98			50 911,82	50 911,82			11 057,21	46 044,99			58 533,76

Tabelle 1: Aufrechnung der Salden im Gütersektor

b-3) Die konzentrierte polare Vermögensbewegungsbilanz

Vermögensmehrung durch		Vermögensminderung wird	
1. Kapitalmehrung	52 141,82	1. Kapitalminderung	1 230,—
2. Vermögensminderung	16 660,40	2. Vermögensmehrung	16 660,40
3. Ausgaben	26 074,46	3. Einnahmen	41 541,65
4. Kostenminderung	438,40	4. Kostenmehrung	44 796,92
5. Erträgnismehrung	58 936,21	5. Erträgnisminderung	738,10
			104 967,07
		Vermögenszunahme	49 284,22
	154 251,29		154 251,29

b-4) Die konzentrierte polare Arbeitsbilanz

b-41) Die konzentrierte polare Bilanz der Kostenbewegung

Kostenmehrung ist		Kostenminderung wird	
1. Kapitalmehrung	2 246,87	1. Kapitalminderung	560,40
2. Vermögensminderung	44 796,92	2. Vermögensmehrung	438,40
3. Ausgaben	27 488,47	3. Einnahmen	530,—
4. Kostenminderung	203,40	4. Kostenmehrung	203,40
5. Erträgnismehrung	938,60	5. Erträgnisminderung	340,—
			2 072,20
		Kosten	73 602,06
	75 674,26		75 674,26

b-42) Die konzentrierte polare Bilanz der Erträgnisbewegung

Erträgnisminderung durch		Erträgnismehrung wird	
1. Kapitalmehrung	45,30	1. Kapitalminderung	380,95
2. Vermögensminderung	738,10	2. Vermögensmehrung	58 936,21
3. Ausgaben	430,10	3. Einnahmen	27 635,—
4. Kostenminderung	340,—	4. Kostenmehrung	938,60
5. Erträgnismehrung	1 410,20	5. Erträgnisminderung	1 410,20
	2 963,70		
Erträgnisse	86 337,26		
	89 300,96		89 300,96

Die konzentrierte polare Arbeitsbilanz ist die Summe der konzentrierten polaren Bilanz der Kosten- und Erträgnisbewegungen; sie kann unmittelbar erstellt werden nach dem Schema

Kostenmehrung ist Erträgnisminderung durch	Kostenminderung wird Erträgnismehrung wird

Der Saldo der polaren Arbeitsbilanz zeigt dann den Gewinn; denn Kostenmehrung hat dieselbe ökonomische Wirkung wie Erträgnisminderung, und Kostenminderung dieselbe wie Erträgnismehrung.

c) Die beliebig erweiterten polaren Bewegungsbilanzen

Für manche Erkenntnisse sind die detaillierten polaren Bewegungsbilanzen zu speziell und die konzentrierten zu global. Nun ist es leicht, jede konzentrierte polare Bewegungsbilanz beliebig zu erweitern.

Als Beispiel wählen wir die Geldverkehrsbilanz. Dabei nehmen wir an, daß besonders interessieren einmal die Einnahmen aus Debitorenzahlungen und zum anderen die Ausgaben für Kreditorenverbindlichkeiten. Dann ergibt sich folgende erweiterte polare Geldverkehrsbilanz:

Einnahmen aus		Ausgaben für	
1. Kapitalmehrung	10 000,—	1. Kreditoren	25 960,30
2. Debitorenzahlung	41 541,85	2. Sonstige Kapitalminderung	10 564,10
3. Erträgnisminderung	—,—	3. Vermögensvermehrung	26 074,46
4. Kostenminderung	530,—	4. Kostenmehrung	27 488,47
5. Erträgnismehrung	27 635,—	5. Erträgnisminderung	430,10
6. Ausgaben	12 940,—	6. Einnahmen	12 940,—
	92 646,65		
Ausgabenüberschuß	10 810,78		
	103 457,43		103 457,43

Das Ausmaß der Erweiterung der konzentrierten polaren Bewegungsbilanzen kann vollkommen nach Belieben vorgenommen werden. Eine Fülle der Bilanzierungsmöglichkeiten ist auf diese Weise gegeben.

3. Die Wirkungsbilanzen

Die Salden der polaren Bewegungsbilanzen ergeben die Wirkungsbilanzen; sie zeigen die Wirkungen (Salden) der Bewegungen.

a) Die Wirkungsbilanz des Geldverkehrs

Ausgaben für		Einnahmen aus	
1. Kapitalabnahme	26 524,40	1. Vermögensabnahme	15 467,19
2. Kosten	26 958,47	2. Erträgnis	27 204,90
		Ausgabenüberschuß	10 810.78
	53 482,87		53 482,87

b) Die Wirkungsbilanz der Kapitalbewegung

Kapitalzunahme durch		Kapitalabnahme durch	
1. Vermögenszunahme	50 911,82	1. Ausgabenüberschuß	26 524,40
2. Kosten	1 686,47	2. Erträgnis	335,65
		Kapitalzunahme	25 738,24
	52 598,29		52 598,29

c) Die Wirkungsbilanz der Vermögensbewegung

Vermögensabnahme durch		Vermögenszunahme durch	
1. Einnahmenüberschuß	15 467,19	1. Kapitalzunahme	50 911,82
2. Kosten	44 358,52	2. Erträgnis	58 198,11
Vermögenszunahme	49 284,22		
	109 109,93		109 109,93

d) Die Wirkungsbilanz der Kostenbewegung

Kostenmehr	73 602,06	Kapitalzunahme	1 686,47
		Vermögensabnahme	44 358,52
		Ausgabenüberschuß	26 958,47
		Erträgnismehr	598,60
	73 602,06		73 602,06

e) Die Wirkungsbilanz der Erträgnisbewegung

Kapitalabnahme	335,65	Erträgnismehr	86 337,26
Vermögenszunahme	58 198,11		
Einnahmenüberschuß	27 204,90		
Kostenmehr	598,60		
	86 337,26		86 337,26

4. Das Bilanzgefüge

Die Bewegungs- und Wirkungsbilanzen können zu einem Bilanzgefüge zusammengestellt werden, um einen geschlossenen Überblick über den ganzen Bewegungs- und Wirkungszusammenhang ökonomischer Vorgänge zu gewinnen.

a) Das Bewegungsbilanzgefüge

Die Summen der Bewegungsbilanzen ergeben das Bewegungsbilanzgefüge (Seite 24).

b) Das Wirkungsbilanzgefüge

Es enthält die Salden der polaren Bewegungsbilanzen (S. 28).

Die Salden des Wirkungsbilanzgefüges müssen sich mit der zweiten Form der Wirkungsbilanz des Journals decken.

Nun erfolgt die Aufrechnung innerhalb der Bewegungssektoren. Die Aufrechnung der Salden im Gütersektor hat folgendes Bild: Tabelle 1 Seite 24.

So entsteht auf diese Weise die Wirkungsbilanz im Gütersektor:

Vermögenszunahme	50 911,82	Kapitalzunahme	50 911,82
Kosten	46 044,99	Ausgabenüberschuß	11 057,21
Vermögensüberschuß: Saldo	23 545,98	Erträgnis	58 533,76
	120 502,79		120 502,79

Die Aufrechnung der Salden im Arbeitssektor hat folgendes Aussehen: Tabelle 2 Seite 28.

Werden die Salden in den Sektoren aufgerechnet, so erhält man folgende Wirkungsbilanz des Arbeitsprozesses:

Vermögenszunahme	13 839,59	Kapitalzunahme	1 350,82
Einnahmenüberschuß	246,43	Erträgnis	598,60
Kosten	598,60	Gewinn	12 735,20
	14 684,62		14 684,62

Wirkungsbilanzgefüge

Saldo	Betrag		Korrespondierende Salden: Kapitalbewegung −	Kapitalbewegung +	Vermögensbewegung +	Vermögensbewegung −	Geldverkehr Einnahmen	Geldverkehr Ausgaben	Kostenbewegung +	Kostenbewegung −	Erträgnisbewegung −	Erträgnisbewegung +
1. Kapitalzunahme		25 738,24			50 911,82			26 524,40	1 686,47			335,65
2. Vermögenszunahme	49 284,22			50 911,82			15 467,19		44 358,52			58 198,11
3. Ausgabenüberschuß		10 810,78	26 524,40			15 467,19			26 958,47			27 204,90
4. Kostenmehr	73 602,06			1 686,47		44 358,52		26 958,47				598,60
5. Erträgnismehr		86 337,26	335,65		58 198,11		27 204,90		598,60			
	122 886,28	122 886,28	26 860,05	52 598,29	109 109,93	59 825,71	42 672,09	53 482,87	73 602,06			86 337,26
Kapitalzunahme			25 738,24									
Vermögenszunahme						49 284,22						
Ausgabenüberschuß							10 810,78					
Gewinn									12 735,20			
			52 598,29	52 598,29	109 109,93	109 109,93	53 482,87	53 482,87	86 337,26			86 337,26

	Saldo		Korrespondierende Salden: Kapitalrechnung −	Kapitalrechnung +	Vermögensrechnung +	Vermögensrechnung −	Geldverkehr Einnahmen	Geldverkehr Ausgaben	Kostenbewegung +	Kostenbewegung −	Erträgnisbewegung −	Erträgnisbewegung +
Erträgnis	86 337,26		335,65		58 198,11		27 204,90		598,60			
÷ Kosten	73 602,06			1 686,47		44 358,52		26 958,47				598,60
Gewinn	12 735,20			1 350,82	13 839,59		246,43		598,60			598,60

Tabelle 2: Aufrechnung der Salden im Arbeitssektor

	Salden		Korrespondierende Vorgänge: Kapitalbewegung −	Kapitalbewegung +	Vermögensbewegung +	Vermögensbewegung −	Geldverkehr Einnahmen	Geldverkehr Ausgaben	Kostenbewegung +	Kostenbewegung −	Erträgnisbewegung −	Erträgnisbewegung +
Vermögensüberschuß	23 545,98			50 911,82	50 911,82			11 057,21	46 044,99			58 533,76
Ausgabenüberschuß		10 810,78	26 524,40			15 467,19			26 958,47			27 204,90
Gewinn		12 735,20		1 350,82	13 839,59		246,43		598,60			598,60
	23 545,98	23 545,98	26 524,40	52 262,64	15 467,19	15 467,19	246,43	11 057,21	73 602,06			86 337,26
Kapitalzunahme			25 738,24									
Vermögenszunahme						49 284,22						
Ausgabenüberschuß							10 810,78					
Gewinn									12 735,20			
			52 262,64	52 262,64	64 751,41	64 751,41	11 057,21	11 057,21	86 337,26			86 337,26

Tabelle 3: Wirkungsbilanzgefüge

Werden die Salden in den Sektoren aufgerechnet, so erhält man folgende Wirkungsbilanz des Arbeitsprozesses:

Vermögensüberschuß	12 488,77	Gewinn	12 735,20
Einnahmenüberschuß	246,43		
	12 735,20		12 735,20

Werden die Aufrechnungen der Salden im Güter- und Arbeitssektor mit den Salden im Geldsektor zusammengefaßt, so entsteht das polare Wirkungsbilanzgefüge, wie es in Tabelle 3 (S. 28) wiedergegeben ist.

Die Endsalden dieses Wirkungsbilanzgefüges müssen sich decken mit der Wirkungsbilanz des Journals. Auf diese Weise ist wiederum eine ausgezeichnete Rechenkontrolle gegeben.

5. Einzelkontenbilanzen

Vollkommen neu sind auch die Bilanzen der Einzelkonten. Auf jedem einzelnen Konto werden unmittelbar die Kapital- und Vermögensbewegungen, der Geldverkehr sowie die Kosten- und Erträgnisbewegungen dargestellt. Jedes Einzelkonto kann demnach eine Bewegungs- und Wirkungsbilanz liefern, wie es das folgende Beispiel des Debitorenkontos zeigt.

a) Bewegungsbilanz des Debitorenkontos

Belastung durch		Entlastung durch	
Erträgnis	58 936,21	Erträgnisminderung	738,10
Kostenminderung	438,40	Einnahmen	41 541,65
Ausgaben	7 820,—	Kundenwechsel	16 660,40
		Restforderung	8 254,46
	67 194,61		67 194,61

b) Wirkungsbilanz des Debitorenkontos

Einnahmenüberschuß	33 721,65	Erträgnisse	58 198,11
Kundenwechsel	16 660,40	Kostenminderung	438,40
Restforderung	8 254,46		
	58 636,51		58 636,51

Durch die Bilanzen der Einzelkonten wird die funktionale Kontorechnung zur laufenden Betriebsanalyse.

Die Begrenztheit der Bilanzierung der doppelten Buchhaltung ist durch die funktionale Kontorechnung aufgehoben. Alle ökonomischen Bewegungen und Wirkungen sowie deren polar-funktionale Zusammenhänge können bilanziert werden. Auf diese Weise werden neue und wertvolle Einsichten in den ökonomischen Bewegungs- und Wirkungszusammenhang vermittelt. Kritik und Disposition erhalten ein umfassendes Fundament.

Literaturangaben

1. Thoms, Inhalt und Form der funktionalen Kontoberechnung. Mit 24 Formularen, 13 Abbildungen und 5 Tabellen im Text. Lutzeyers Fortsetzungswerke GmbH, Franfurt a. M., 1951.
2. Thoms-Schneider, Die Handwerkerbuchführung LABOREX, 1. Teil. Die Buchführung des handwerklichen Kleinbetriebes. Verlag Grenzland-Handwerk GmbH, Aachen, 1951.
3. Thoms, Die Neugestaltung der Wirtschaftsrechnung des Betriebes. HANDBUCH für Fremdenverkehrsbetriebe, Gießen 1952, S. 522 ff.
4. Thoms, Die neue Buchhaltung und der neue Kontenrahmen. Deutsches Jahrbuch für Fremdenverkehrsbetriebe, Gießen 1952, S. 135 ff. — Sdr.
5. Thoms, Die Zweipoligkeit und Zweiphasigkeit ökonomischer Vorgänge in der Drei-Sektoren-Wirtschaft. Betriebswirtschaftliche Forschung und Praxis, Heft 1/1952.
6. Thoms, Der LABOREX-Kontenrahmen, Zeitschrift HOTEL, Heft 1/1952.
7. Thoms, Die Identität von Inhalt und Form der funktionalen Kontorechnung. Unterricht und Erziehung, Heft 8/1952, Seite 410.
8. Thoms, Liquiditätsüberwachung mittels Geldverkehrsbilanz. Industrie-Kurier vom 13. 9. 1952.
9. Thoms, Bilanzierung ohne Kontenabschluß. Deutsche Hotel-Nachrichten v. 23. 9. 52.
10. Thoms, Kurzfristige Wirtschaftsrechnung mittels Journalbilanzen. Deutsche Hotel-Nachrichten vom 30. August 1952.
11. Thoms, Die monatlichen Wirkungsbilanzen ohne Kontenabschluß. Deutsche Hotel-Nachrichten vom 30. August 1952.
12. Thoms, Polare Buchung und polare Bilanzierung. Zeitschrift für Betriebswirtschaft, Heft 10/1952.
13. Thoms, Die Logik des Kontenrahmens, Das HOTEL, Heft 11/1952.
14. Thoms, Kontenrahmen und Kontenplan in der Journalbuchhaltung. HOTEL, Heft 12/1952.
15. Günther, Betriebliche Kategorien und die Rangordnung ökonomischer Werte, Zeitschrift für Betriebswirtschaft, Heft 12/1952.
16. Thoms, Bilanzierter Geldverkehr, Wirtschafts-Magazin vom 10. 2. 1953, S. 111.
17. Thoms, Die Bedeutung des Rechnungswesens für die Beurteilung ökonomischer Bewegungen und Wirkungen. Betriebswirtschaftliche Forschung und Praxis, Heft 3/1953.
18. Weilbach, Zusammenhang zwischen Geldverkehrs- und Erfolgsrechnung. Die Wirtschaftsprüfung, Nr. 4/1953.
19. Günther, Funktionale Planungsrechnung, Zeitschrift für Betriebswirtschaft, Heft 3/1953.
20. Thoms, Das ABC der ökonomischen Kinetik. Betriebswirtschaftliche Forschung und Praxis, Heft 6/1953.

21. Thoms, Neue buchhalterische Bilanzen mittels der Funktionalen Kontorechnung. Buchhaltungsbriefe Nr. 14 vom Juli 1954.

22. Zimmermann, Die Rechnungstechnik der Funktionalen Kontorechnung, Wochenschrift für Betriebswirtschaft, Steuerwesen, Wirtschaftsrecht, Arbeitsrecht. 45/1953.

23. Gerber, Systematische Einnahmen- und Ausgabenrechnung jetzt auch in der kaufmännischen Buchhaltung. Neue Betriebswirtschaft, Heft 3/1954.

24. Thoms, Laufende Betriebskontrolle durch eine neue Buchhaltung. Frankfurter Allgemeine Zeitung vom 10. April 1954.

25. Gerber, Die Funktionale Kontorechnung als Grundlage eines neuen Steuersystems. Betriebswirtschaftliche Forschung und Praxis, Heft 6/1954.

26. Thoms, Polare Geldverkehrsbilanzen. Neue Betriebswirtschaft Heft 5/1954.

www.ingramcontent.com/pod-product-compliance
Ingram Content Group UK Ltd.
Pitfield, Milton Keynes, MK11 3LW, UK
UKHW021502031026
15588UKWH00002B/954
9783663127369